Sophia Benedict

GEFANGEN IN PARALLELEN WELTEN

Lyrik

Bibliografische Information der Deutschen Nationalbibliothek:
Die Deutsche Nationalbibliothek verzeichnet diese Publikation in der Deutschen Nationalbibliografie.
Detaillierte bibliografische Daten sind im Internet unter www.dnb.de abrufbar.
Das Werk einschließlich aller seiner Teile ist urheberrechtlich geschützt. Jede Verwertung außerhalb der Grenzen des Urheberrechtsgesetzes ist ohne Zustimmung des Verlags unzulässig und strafbar. Das gilt insbesondere für Vervielfältigungen, Übersetzungen, Mikroverfilmungen und die Einspeicherung und Verarbeitung in elektronischen Systemen.

© 2015 Diana Wiedra

Lektorat: Gaby Blattl und Elisabeth Namdar

Covergestaltung: Diana Wiedra
Titelbild: Diana Wiedra
2.Auflage

Herstellung und Verlag:
BoD – Books on Demand, Norderstedt, Deutschland

ISBN: 9783734797194

Meinem Schutzengel

INHALT

Beatrice 8
Das Laub ist gefallen 9
Er versteht dich gut 10
Wenn der Versucher 11
In meinen Träumen 12
Es ist unmöglich 13
Rutschiger, unter den Füßen nachgebender Weg 13
Der Wind hob eine Staubsäule 14
Bahnhof 14
Als fahles Band windet sich der Weg 15
Die Liebe raubt dem Herzen seine Freiheit 15
Die Grausamkeit des Menschen 16
Zwei böse Feinde 16
Abscheulich ist die Käuflichkeit 16
Tage folgen Tagen 17
Die Nadel deiner grünen Augen 17
Ich lebte niemals, wo ich gerade war 18
Unsere beiden Welten 18
Du fragtest, wen ich mehr liebte 19
Du hast mir einmal die Steppe versprochen 20
Irgendwo in der weiten Welt 20
Er kommt zu mir in dunklen Nächten 21
Sterne am Himmel 21
Unvorsichtig 22
Deine Augen 22
Der Durst nach Frieden 22
Aus einer Welt in die andere 23
Mich selbst verlassend 23
Die schwere Last 24

Es ist eine seltsame Stadt ... 24
Wie lange spielte ich fremde Spiele ... 25
In deinen freigebigen Worten ... 25
Meine Schulterblätter in den warmen Sand drückend .. 26
Das Verliebtsein ... 26
Zwischen Geburt und Tod ... 27
Der Zufall kontrolliert jede Minute unseres Lebens ... 27
Die Frau, die du liebst ... 28
Der Stein auf meinem Herzen ... 29
Will man dem Dichter Byron glauben ... 29
Ich forderte das Universum zum Kampf heraus ... 30
An diesem kurzen, ganz kurzen Tag ... 30
Gerüche sind Moleküle ... 31
Befreit vom Firlefanz der Erinnerungen ... 31
Wenn jemand sagt, die Zeit sei immateriell ... 32
An François Villon ... 32
Die schönste Musik ... 33
Die Erinnerungen ... 33
Sich als Teil des Universums zu fühlen ... 34
Nichts sehen können ... 35
Die Freiheit ist ein Knochen ... 36
In ein Land fliehen ... 37
Du glaubst, du könntest ihn ändern ... 37
Vor meinem Fenster ... 38
An K.D. ... 40
Leere ... 45
Gott in dir ... 46
Elefanten mit rubinfarbenen Augen ... 47
Erinnerungsschrapnelle ... 48
Verflossen ... 50
Dresden 1945 ... 55
Donezk ... 56
Jerusalem ... 57
Professor Freud ... 58
Geister der Vergangenheit ... 59
Traum ... 60
Am frühen Morgen aufzuwachen ... 61
Der Weg der Revolution ist ... 61
Der Mond ... 62
Himmel ... 63

Consuelo 64
Was, wenn es das Barometer ist 65
Der Fleck auf der Tischplatte 66
Der Schmetterling 66
Reif für Rom 67
Liebe ist Not 67
Vergessen 68
Ein Fisch wird nichts darüber sagen können 68
Tod eines Pagen 69
Leere Felder 69
Ich sitze, weine, trinke Bier 70
Matisse 70
Über dem See hängt der Mond 71
Die Anlegestelle 71
Trennungen 72
Atme in mein Ohr 76
Müde 77
Frierende Kirschbäume 78
Einsamkeit 78
Holländer 79
Ich beginne meinen neuen Roman 80
Die Ängste mit Augen 80
Blühende Apfelbäume 81
Dein Weg 82
Ein roter Schal umschmiegt deinen Hals 83
Kein Frühlingsduft 83
Dein Gesicht zeichnen 84
Zärtlichkeit 84
Angst vor dem weißen Blatt... 85
Bagatellen 86
Haiku 90

BEATRICE
Leidvoller Wahnsinn
zwang den
Meister
einem Mädchen
die Ewigkeit
zu schenken -
Beatrice!

Seitdem
spielt die Zeit
mit dem Mädchen
wie der Wind
mit einem Pappelblatt
im Herbst.

Ihr scheues Herz
wandert
im Universum
ihre zarte Seele
findet
kein Refugium
in ihren
parallelen Welten. ...

***

Das Laub ist gefallen
und du sahst die Bäume entblößt.
Nackt sahen sie schrecklich aus.
Sie glichen dem Tod.
Aber als du
sie betrachten wolltest,
begriffst du plötzlich,
dass dieses Bild
gar nicht so furchtbar war.
Du sahst,
wie verschieden sie sind.
Einige waren arm,
andere hingegen
selbst in ihrer Nacktheit noch reich.
Einige bogen sich unter dem Wind,
andere hielten stand.
Aber sie alle waren von gleicher Natur.
Und es wurde dir klar –
es ist auch die deine.

***
Er versteht dich gut.
Sein Verstehen
deines Innersten fürchtend
liebst du ihn.
Nein, nicht vor ihm fürchtest du dich,
du fürchtest dich
vor deinem eigenen Wesen.
Und du hasst ihn dafür.
Für diese Wahrheit.
Doch nicht du
fürchtest vor ihm dich.
Deine Schüchternheit
und der Mut,
den du nicht hast,
fürchten sich.

Nur deine Träume
lieben ihn.
Die Träume, in denen du
eben du bist.
Ohne jene Spuren,
die auf dir
die anderen
hinterlassen haben.

***
Wenn der Versucher
einer jungen Seele
das Gift der Schmeichelei einflößt,
füllt er
das Gefäß der Liebe,
der Liebe zu sich selbst aus,
eine Abhängigkeit bewirkend.
Dann bittet die Seele:
„Gib mir!
Gib mir noch mehr!"
Wenn aber
die Stunde der Vergeltung
schlägt,
fällt sie verlassen und verwüstet
wie ein verletzter Schwan
zu Boden. ...

Nur die,
der das Überleben gelang,
wird noch
mehrere Male
sterben,
und der Tod
wird ihr bester Freund.

***

In meinen Träumen
sehe ich mich am Meeresufer,
wo abends
sich ein Zikadenstakkato
in die schwüle Nacht ergießt.
Als scheuen Teenager
sehe ich mich.
Furcht vor dem Leben
und vor allem, was sich
hinter dem Wort Liebe
verbirgt.
Andere wollen das.
Sie geben die Gesetze vor.
Sie bestimmen die Grenzen.
Sie sind diejenigen, die
das Reine
ins Schmutzige
ziehen.

Aber in meinen Träumen
verlieren sie ihre Macht.
In meinen Traumen
gehöre ich mir selbst.

***
Es ist unmöglich,
die ganze Menschheit zu lieben.
Keiner hat ein so großes Herz,
um alle Menschen hineinzunehmen.

Möglich ist es,
nur einen Menschen zu lieben.
Wegen seiner Einmaligkeit
oder
wegen seiner Unvollkommenheit.
Dafür, dass er dir ähnlich ist,
oder
dass er dir gar nicht dir ähnlich ist.

Dafür, dass er atmet,
eine Wärme ausstrahlt,
die du so sehr brauchst. ...

***
Rutschiger,
unter den Füßen nachgebender
Weg,
mit Rissen der Bitternis
Brüchen der Misserfolge.
Führst mich fort,
Verräterweg,
zu finsteren Gedanken
unter den Bleiwolken
des glitschigen Novemberhimmels. ...

***
Der Wind hob eine Staubsäule,
rannte über die Straße
wie ein betrogener Liebhaber,
schlug die Gardine auf,
drang ins Zimmer ein.
Blätterte nervös
die Seiten
meines Tagebuches
auf dem Schreibtisch durch.

Erstarrte eine Weile
in tragischem Schweigen,
seufzte auf und
berührte dann ganz leicht
mit seinen Fingern
meine Lider.

***
Bahnhof.
Die Luft
erfüllt vom Duft der Wege
und in Stücke gerissen
von der Sirene der Dampflok.

Die Finger, die die Träne abwischen.

Nicht doch!
Die Züge fahren in beide Richtungen!

***
Als fahles Band windet sich der Weg
zwischen den Fliederbüschen,
die zärtlich
vom Frühlingswind liebkost werden. ...
Durch die aufreißenden Wolken
erglänzt wie durch ein offenes Fenster
der Himmel. ...

Und du weinst
herbstliche Tränen,
dich an den vergangenen Winter
erinnernd. ...

***
Die Liebe
raubt dem Herzen
seine Freiheit.

Ob deshalb die Verliebten
so oft in die Weiten des Universums
schauen?

Traurig blicken sie zu den Sternen,
die mit Silber
an die Schleppe
der nächtlichen Unendlichkeit
gewebt sind.
Und wir hören
die tiefen Seufzer,
die ihre Brust zerreißen.

***

Die Grausamkeit
des Menschen
als übergeordneter Ausgleich
des Übels
für die Güte.

***

Zwei böse Feinde
hat der Mensch.
Während
die Willkür
gierig sein Fleisch zerfrisst,
schmiegt die Ordnung
sich liebevoll
an seine Adern
und saugt
Tropfen für Tropfen
sein lebendiges Blut. ...

***

Abscheulich ist die Käuflichkeit,
aber auch die Tugend
ruft manchmal Schüttelfrost hervor.

Bekanntlich
tun die Bösen,
wovon die Guten
träumen.

***

Tag folgen Tagen,
Sonnenschein
dem Regenguss.
Ich schaue aus dem Fenster.
Einfach so.
Ohne Trauer,
ohne Freude,
gefangen in mir selbst -
dem schlimmsten
aller Gefängnisse. ...

***

Die Nadel deiner grünen Augen
hat sich in mein Herz gebohrt.

Seitdem
quält meine Seele
geheim und spürbar
das Fleisch der Wünsche.

Gehorsam folge ich
meinem Schatten,
nicht fragend,
in welchen Winkel der Erde
er mich wohl führt.

Mein Schatten
ist alles,
was mir geblieben.
Nur er hält mir die Treue. ...

***
Ich lebte niemals,
wo ich gerade war.

Während mein Körper
hier bei euch weilte,
spielte sich mein wahres Leben
anderswo ab,
in einer mir kaum bekannten Welt.

In jener Welt, wo
die Macht der Gesetze und Regeln endet,
wo nur die Freiheit herrscht,

weil das Chaos
meine Seele
gefangen hält. ...

***
Unsere beiden Welten
drehen sich
um zwei verschiedene Sonnen.
Wir nähern uns einander nie. ...

Nur allzu gut wissen wir,
dass eine Annäherung der Galaxien
unaufhaltsam
in die Katastrophe führen würde.

***

Du fragtest,
wen ich mehr liebte -
dich oder das Leben.
Ich sagte:
das Leben. Und du...

du verließest mich.

Erst da
verstand ich:
Das Leben bist du...

Als du bei mir warst,
war ich.
Als du da warst,
war ich ich.
Und jetzt...

Ich flehe mein Leben an,
mir mein Leben zurückzugeben. ...

***
Du hast mir einmal
die Steppe versprochen,
den Himmel und den Ozean
und eine Karavelle
unter dem Banner von Jolly Roger.

Und dann...
wurde daraus eine Bucht
mit einer fremden Flagge
im engen Golf
mit nummerierten Plätzen
und strengen Regeln.

Das ist
eines Mannes schlichte Wahrheit.
Und zwar von allen noch die beste. ...

***
Irgendwo in der weiten Welt
schüttet jemand Blumen
in den Bildschirm seines Computers.
Sich ihrem elektronischen Schicksal ergebend
fallen die Blumenblätter
auf meinen Tisch.
Rosenwirbel und Margeritenregen
drängen ins Zimmer.
Als Spiegelreflexion im klaren Wasser
kommst du zu mir
und verschwindest wieder im Nebel. ...

***
Er kommt zu mir in dunklen Nächten
und gießt in meine Seele
vom Gift der Wahrheit,
Gift der Freiheit,
Gift der Wünsche.

Verlangt dafür. ...
Als ob es nicht genügte,
dass er mir
die Ruhe nahm,
nach der ein
Leben lang ich strebte.

Ich hasse ihn dafür
mit einer Liebe,
namens Tod.

***
Sterne am Himmel
wie Ackerblumen -
blau und bitter.
Sie überfluten das Universum.
Brennen sich
darin ein. ...

Die Hitze trägt den Sommer fort. ...

***

Unvorsichtig
hat deine Hand die Saiten
meiner gequälten Seele
angerührt. ...

Es klang so unerwartet rein. ...

Wer bist du, fragte ich. ...

***

Deine Augen
sind wunderschön,
wenn du weinst,
sagte er zu mir
und tat mir weh.

***

Der Durst nach Frieden
in meinem Herzen,
der ewige Durst nach Harmonie. ...

Was zwingt mich aber
immer wieder
den Weg des Chaos zu wählen?

***
Aus einer Welt in die andere
wandernd,
Ruhe nicht findend,
obdachlos gleitend
über der kalten Oberfläche
des weltweiten Eises
falle ich
in den warmen Sumpf
der Liebe.

Oder ist es
vielleicht
die Süße des Todes?

***
Mich selbst verlassend
ein ewig Reisender
verliere ich mich im Staub der Wege
im Wunsch
die Vergangenheit zu vergessen und
wie eine leichte Wolke
mich im Licht der gelblichen Sterne
aufzulösen
den Sternen gleich zu werden.

***
Die schwere Last
namens Leben
liegt auf meinen Schultern.
Die gewaltige Macht
der geophysikalischen Kräfte
drückt mich zu Boden.

Dann vergießt eine Wolke,
eine erschossene schwarze Wolke
auf den Acker
ihren Tränenregen.

***
Es ist eine seltsame Stadt.

Hier wohnt der Nebel
gleich neben dem Schönwetter.
Sie wohnen in benachbarten Straßen.
Wenn du den Nebel satt hast,
tust du ein paar Schritte
und versinkst im Licht.
Wenn dann
deine Augen wieder
ermüden ...

Mit einem Wort,
es ist eine seltsame Stadt. ...

***
Wie lange spielte
ich fremde Spiele
im Glauben, es sei meine Pflicht,
mich an die fremden Regeln
fremder Spiele zu halten?

Erst gestern sagte ich zu ihnen:
So spielt euch doch selbst!
Und ging auf die Wiese,
legte mich ins Gras,
das nach Minze roch,
kniff die Augen zusammen
und schaute in die Sonne.

Der Marienkäfer kroch langsam,
ernsthaft und geschäftig
seinen Verpflichtungen nach...
Hmm... Welche Verpflichtungen
haben Marienkäfer?

***
In freigebigen süßen Worten und
in Treueschwüren kommt
wie in einem trüben Strom
die zarte Blume der Liebe um. ...

***
Meine Schulterblätter
in den warmen Sand drückend
widerstehe ich
mit letzter Kraft
der Anziehung der Liebe
des von Millionen Sternen übersäten
Abgrundes.

Nichts umgarnt die Seele so
wie die Sehnsucht
nach dem Tod. ...

***
Das Verliebtsein
birgt in sich die unsinnige Hoffnung
darauf,
dass man endlich
jene schöne Seele findet,
von der man ein Leben lang geträumt hat.
So könnte man
die lang ersehnte Glückseligkeit
erreichen. ...

Aber wenn du diese schöne Seele
bis jetzt nicht
in dir selbst
gefunden hast...

***
Zwischen Geburt
und Tod
erstreckt sich
die Tragödie
unseres Lebens.

Sie wird von jemandes trockener Hand
auf die im Wind flatternden Blätter
des herbstlichen Ahorns
geschrieben.

***
Der Zufall kontrolliert
jede Minute
unseres Lebens.
Er zwingt uns
immer wieder in die
Geschichten hinein.

Auch ich
bin in die Geschichte
namens Leben
hineingeraten.

***
Die Frau, die du liebst,
ist ein Abgrund,
der dich in seine Tiefe
zieht.
Die Frau entzieht dir
die Liebe
der anderen Frauen.

Ihr warmer Atem
erreicht dich
durch Kälte und Finsternis.
Sie erweckt in dir
kosmische Gefühle und
weckt in deiner Seele
die Angst vor der Einsamkeit.

Sie ist immer bei dir,
die Frau,
die du liebst.

Wie ein aufdringlicher Gedanke.
Wie der gekränkte Stolz.

DER STEIN AUF MEINEM HERZEN
I.
Der Regen spült
die Erinnerungsstäubchen fort,
nur ein Stein
bleibt dort liegen,
wo einst
mein Herz war.

II.
Wenn meine Stunde schlägt
und ich fortgehe,
gehe ich nicht wirklich fort.
Ich werde
ein Stein,

der das Geheimnis
alles Lebenden
bewahrt.

***

Will man dem
Dichter Byron glauben,
sind das Volk und die Frauen
immer
auf der Seite der Schuldigen.

Was sagst du dazu?
Liebte dich
zumindest eine einzige Frau?

***
Ich forderte das Universum
zum Kampf heraus.
Als ob ich imstande wäre,
es auch nur kitzeln!

Das Universum
nahm meine Herausforderung an
und zögert die Stunde des Duells
hinaus. ...

***
An diesem kurzen,
ganz kurzen Tag
lebte ich ein ganzes Leben,
mit allem,
was das Leben zum Leben macht. ...

Begegnung,
Liebe,
Begeisterung,
Enttäuschung,
Bitternis,
Trennung. ...

Und später...
nur gleichgültige Betrachtung
der Zeit,
die einem wie Sand
durch die Finger rinnt. ...

***
Gerüche sind Moleküle,
die in deine Seele eindringen
und dort
für immer
als ewiges Gedächtnis
deines Herzens haften bleiben. ...

***
Befreit vom Firlefanz
der Erinnerungen
und anderen Widerstrebungen
schreite ich vorwärts -
ohne Gepäck,
ohne Last,
frei,
mit offenen Händen
den Winden entgegen!

Sie werden mich aufgreifen
und wie eine zarte Flaumfeder
davontragen.
Dorthin,
wo das Blau des Himmels
im Nirgendwo landet. ...

***
Wenn jemand sagt,
die Zeit sei immateriell,
werde ich widersprechen.
Kein Krieg,
kein Orkan,
kein Regen,
trägt eine derart starke
Zerstörungskraft in sich,
wie sie eine
leichte Berührung
der Zeit in sich trägt. ...

Davon erzählte mir
heute Früh
mein Spiegel. ...

***
An François Villon
Deine Gebeine
sind schon lange
im unbekannten Grab verwest.
Deine Dichtung,
vor Jahrhunderten geschrieben,
lebt immer noch.
Und du blickst
mit einem Lächeln deiner Seele
auf jene, die nach dir gekommen.

So sieht Ewiges das Ewige an.

***
Die schönste Musik
ist die Musik des Regens.
Das schönste Bild
besteht
aus dem Weiß
des frischen Schnees.
Die schönsten Minuten
sind die,
wenn wir schweigen,
uns in ein Plaid wickeln,
aus dem Fenster schauen
auf die weißen Schmetterlinge,
die leicht wie Schneeflocken
sich auf die roten Dachziegel
der benachbarten Häuser
setzen.

Irgendwo, weit weg, in Paris ...

***
Die Erinnerung
ist die Hölle,
die wir für immer
in unserer
nach Barmherzigkeit flehenden
Seele tragen. ...

***

Sich als Teil
des Universums zu fühlen,
ist wahrscheinlich schön!
Aber nur solange
du glaubst, dass
das Universum du bist.
Nur so lange,
als es dir gelingt,
nicht darüber nachzudenken,
dass du im Universum
weniger als ein Stäubchen bist.
Ganz winzig,
unsichtbar,
und unbedeutend.
Und das Universum wird
auch ohne dich
weiter bestehen.
Wenn deine Stunde schlägt,
wird keiner merken,
dass du einmal existiert hast.

Das Universum ist viel zu groß.
Du kannst dich darin nicht als ein
Etwas fühlen.
Das Universum ist viel zu kalt.
Es kann dir nicht das Gefühl zu leben geben.
Das Universum ist seelenlos.
Es kann keinen lieben.

Ich hingegen will ein Teil
von etwas sein,

was irdisch und greifbar ist,
ein Teil von etwas,
wo sich nach meinem Gehen
eine Bresche bildet,
die nichts mehr
auszufüllen vermag. ...

Und dann wird jemand
kurz Tränen vergießen. ...

Weil ich...

***

Nichts sehen können
deine Augen,
nachdem sie die Sonne
erschauten.

Und du hast Angst davor,
die Sterne anzusehen. ...

***
„Die Freiheit ist ein Knochen,
den man dem Volk vorwirft,
damit es daran erstickt
und nichts mehr verlangt."

Sie werden denken,
diese harten Worte
stammen
vom Zyniker
Machiavelli.
Oder zumindest
vom zähen Staatsmann
Bismarck,
der es liebte,
sich in seinen Mußestunden
mit Philosophie zu befassen.

Aber nein!
Das sind die Worte
des großen Kämpfers
für die Freiheit des Volkes,
des Helden, der
den Thron der Monarchen
stürzte,
um ihre Krone
eigenhändig
seinem eigenen Haupt
überzustülpen. ...
Napoleon...

***
In ein Land fliehen,
in dem es keine Angst,
in dem es keine Besorgnis gibt.

Die Grenze überschreiten
und alles hinter dir lassen,
was deine Seele quält...

Um die Ruhe
unter dem grauen
und traurigen
Novemberhimmel
zu entdecken...

***
Du glaubst,
du könntest ihn ändern.
Dein Glaube ist vergebens.
Er ist derjenige,
der dich verändert.
Er tut das immer,
wenn ihm danach ist.

Wenn du dich
mit dem Teufel eingelassen hast,
musst du wissen:
Er ist derjenige, der dich...

VOR MEINEM FENSTER
I.
Vor meinem Fenster
breitet sich leerer Raum aus,
in dem nur der bittere Wind
den Staub
des tränendurchtränkten
Herbstes vor sich hertreibt,

des vor Kummer
schwarz gewordenen
Herbstes,

des Herbstes
mit den traurigen Augen
eines Kindes,
dessen letzte Hoffnung
sich zerschlagen hat. ...

II.
Heute breitet sich
vor meinem Fenster
die endlose Schwermut
der mit Nebellaken
bedeckten Erde aus.

Erstarrte Bewegung...
erstarrte Wünsche...
erstarrtes Schicksal...
erstarrtes Nichtwünschen.

III.
Ich liebe
diesen nackten Baum
vor meinem Fenster,
der
zum herbstlichen Himmel
das Wunder
seiner bloßen Arme
streckt. ...

IV.
Der Regen
trommelt
auf die Fensterscheiben,
bittet klagend
um Einlass.
Zusammen mit der silbernen Wolke,
die ihren Tränenstrom
auf die Erde gießt. ...

An K.D.

I.
Man muss die Wände niederreißen,
um hinaus
in den freien Kosmos zu gelangen,
sagtest du.

Warum in die Steppe schauen,
wenn man sie durchwandern kann?
Man muss nur den Mut finden
und die Wärme der Wohnung
verlassen,
diesen Komfort-Panzer,
in dessen Gefangenschaft man lebt.
Und sich in Bewegung setzen,
um die kritische Masse
des Freiheitsdurstes
zu erreichen. ...

Wenn du die Steppe erkannt hast,
wirst du nicht mehr
hier bleiben wollen. ...

Ich bin hinausgegangen,
habe sie erkannt.
und will nicht mehr. ...
Die Welt ist zerfallen,
die Herrschaft des Ganzen
zerstört. ...

Die Kontinuität der Zeit -
das sind nur
Ströme von Lichtkristallen,
die mit voller Wucht gegen dich prasseln.
Sie tragen dich fort
hinter den Horizont der Ereignisse,
in die Tiefen des Gravitationsradius.

II.
Dein unsichtbarer Anteil
umfliegt, einem Leuchtkäfer gleich,
mein Leben,
beleuchtet seine Labyrinthe.

Wenn ich sehe, dass es regnet,
weiß ich, das bist du.
Wenn ich sehe,
dass kein Regen fällt,
bist das auch du.

Und es ist unwichtig,
dass...

III.
Du weißt,
mir kommt vor,
mir kommt sehr vor,
die mir von dir versprochene Tür
sei aufgegangen. ...

Und die Sterne. ...

IV.
Jenen Teil von dir,
der ein Falter ist,
zart und verletzlich,
werde ich ewig lieben.

Jenen Teil von dir,
der der Meister ist,
werde ich
in meinem Herzen tragen.

Jenen Teil von dir,
der das böse Kind ist,
werde ich
mit den Tränen einer Mutter
beweinen.

Jenen Teil von dir
der ...
werde ich ...
betrauern ...

V.
Du hast dich grausam daran gewöhnt,
alles ohne nachzufragen zu nehmen.

Wahrscheinlich ist es sehr angenehm,
sich alles ohne nachzufragen zu nehmen.
Keinen um etwas bitten zu müssen.
Wahrscheinlich, ist es gut,
wenn da nur Freiheit ist,
Freiheit - und keine Schuld.

Aber was
kann man einem schenken,
der sich alles nimmt?

Zärtlichkeit zum Beispiel ...
oder Liebe. ...
Bekommst du sie?
Die Liebe selbst fragt ja niemanden.
Diese heimtückische Lady
braucht deine Zustimmung nicht.
Sie nimmt sich alles, was sie will. ...
Ihre Gesetze
schreibt sie mit Blut
in den nächtlichen Sand
des Universums.

VI.
Du liebst
die vulgären Frauen,
die rothaarigen,
die sich
auf dem Asphalt
der großen Städte
entblättern.

Weil du
die Frauen
liebst ...

VII.
Geh nicht!
Keiner
kann dich so verstehen,
wie ich
dich verstehe.

Geh nicht!
Keiner
kann mich so verstehen,
wie du
mich verstehst.

Geh nicht!
Keiner
kann so lieben. ...

Du aber gingst...
und die Wunde
wird ewig
in meinem Herzen
bluten. ...

LEERE
I.
Es gibt nichts Traurigeres
als den Anblick einer leeren Weinflasche.
Wie erklärt sich
der Umstand,
dass Weinflaschen
aus dunklem Glas gemacht werden?

Das tut man,
um den Inhalt der Flasche
zu verstecken.
Mit dem Ziel,
die Leere zu verstecken...

II
Die Leere
fülle ich aus
mit Treffen,
mit Gesprächen,
mit zufälligen Menschen. ...
Ich merke nicht,
dass jeder von uns
nur seine Sprache spricht.
Vor langem schon haben wir aufgehört
einander zu verstehen. ...

So wird die Leere
Immer tiefer. ...

GOTT IN DIR
I.
Solange die Heilige Schrift
deinen Verstand bildete,
glaubtest du
an das Göttliche in deinem Inneren,
an deine Vorbestimmung
und Einmaligkeit.
Du glaubtest. ...
Aber später...
kamen die Bewunderer des Logos
mit ihren Enthüllungen,
und du hörtest ihnen begeistert zu.
Sie sprachen so überzeugend,
dass du begannst, an sie
zu glauben. ...

Dabei merktest du nicht,
wie dich das Göttliche
verließ. ...

II.
Indem sie die Macht des Göttlichen
in deiner Seele zerstören,
behaupten die Bewunderer des Logos
ihre Macht. ...

Darum geht es,
darum handelt es sich:
um Macht. ...

III.
Man sagt, die Natur,
vertrage keine Leere.
Ich überzeugte mich davon:
Die Natur meiner Seele
verträgt die Leere nicht.

Wenn das Göttliche
deine Seele verlässt,
verlässt deine Seele dich,
sie wird zum seelenlosen Raum. ...

***
Elefanten mit rubinfarbenen Augen,
mit von der Hitze roten Augen
schleppen sich durch die Savanne
in der Hoffnung
auf ein paar Tropfen Wasser. ...

Der Hilfeschrei bleibt
in der Kehle stecken.
Die ausgetrocknete Kehle ist stumm.

ERINNERUNGSSCHRAPNELLE
I.
Solange du
deinen Platz
innerhalb des Systems behältst,
fühlst du dich an deinem Platz.
Das Leben fließt.
Und du weißt:
Alles ringsumher
hat seinen Sinn. ...

Deine Seele, erfüllt von Ruhe,
aber gerade diese Ruhe
verursacht Schlaflosigkeit.
Etwas in dir
verlangt hartnäckig nach Unruhe.
Etwas zwingt dich zu wünschen,
dass du deinen sicheren Graben verließest
und unter den Schrapnellregenguss
schrittest. ...

II.
Ich sitze in diesem kleinen, schwülen Zimmer
wie in einem Graben
irgendwo bei Gorizia-Görtz
und höre
den Trommelwirbel
der Schrapnelle,
die an die Brustwehr schlagen. ...

Aber vielleicht
klopft der Regen
an mein Fenster?

III.
Wenn du dich
in der zärtlichen Umarmung
behäbiger Ruhe befindest,
wenn der brennende Kamin
dir Wärme schenkt,
zieht es dich unwiderstehlich
nach draußen –
in den Regen, in die Kälte.

Damit du dich später
erinnern kannst,
wie wunderbar es dort war,
wo aus der Teekanne Dampf aufstieg,
wo das Kissen den Rücken koste.
Damit der Kamin aus der Erinnerung
deine Sehnsucht nähren kann. ...

VERFLOSSEN
Wellen liebkosen die Steine
leidenschaftlich und zart,
wollen bei ihnen
betteln,
aber die Steine schweigen.
Sind ja Steine.

Ich, ein junges Mädchen,
am Ufer des Meeres.

Einsamer Schatten
wächst im Dunkel der Nacht.
Langsam-ungestüme
Bewegung an der Spitze
des Mondstrahls.
Mein Herz packt die Angst.
Dann erblick' ich ein Männerprofil,
schwarze Strähne
auf hoher Stirn.
Dunkle Augen
spiegeln der Sterne Kälte. ...
Sein flammender Mund
verbrennt meine Lippen.
Er legt mir die Hand auf die Schulter.
Ich spür' seine Kraft.
Von diesem smarten Körper
hätt' ich sie nicht erwartet.
Blutgefäße verschmelzen,
Feuer
erfüllt meine Adern.
Ich sehe,

was er sieht,
der keine Ruhe Kennende,
der ewig Lebende.
Jetzt weiß ich, wer er ist:
der Finstere, der Einsame,
Feuer anstelle von Blut in den
flammenden Adern.

Schon immer habe ich ihn geliebt.

Scheinwerferstrahlen
tasten die Küste ab,
bewachen die Grenzen.
„Es gibt keine Grenzen",
sagt er zu mir
und führt mich
in den Schatten der trauernden Bäume.
„Werde ich so wie du
nach dem Grenzüberschreiten?",
frage ich ihn.
„Nein", antwortet er,
und ich bin dankbar für seine Wahrheit.
„Eine, die ist wie ich, brauche ich nicht",
sagt er.
Und ich verstehe,
dass er liebesfähig ist.

Fähig zu lieben,
wie es nur einer vermag,
der die Bedeutung
des Wortes „herrenlos" erkannt hat.
Der Schauder seines Körpers

löst Angst bei mir aus.
Der Stamm des rauschenden Baums,
der nach dem glutheißen,
südlichen Tag
seine Wärme noch nicht abgegeben hat,
schmiegt sich an meine Schultern.
Seinem Mund entfährt
ein grobes Wort,
mit dem er benennt,
was er mit mir gleich anstellen will.

Seine Grobheit verletzt mich,
dafür hasse ich ihn.
„Vergiss deinen Stolz",
sagt er
und flößt mir das Gift
des Wunsches nach Freiheit ein.
„Schmeichelnde
Liebesbeteuerung
wirst du von mir nicht hören."

Das verschüchterte Tierchen
in mir
leistet Widerstand,
doch mein Protest
nährt seine Leidenschaft.

Seine Lippen...
eindringlicher Kuss...
seine Süße zähmt das Tierchen...
sein Liebkosen,
zart und grob zugleich.

Seine Hand dringt ein. ...
Er nimmt meine Hand,
legt in meine Hand,
woran zu denken ich nicht wage,
wofür es in meinem Wortschatz
keinen Namen gibt.
Es ist wichtig, dass in mir
selbst der Wunsch erwacht,
das Schloss zu brechen.

Rüttelt in mir
mein animalisches Wesen auf.
Ich sehe den Abgrund und
in der Ferne
Nebel der Unendlichkeit.

Der Wünschekelch ist geleert,
ich seh' den Tod,
er steht neben mir,
aber da ist keine Angst,
weil
es etwas gibt,
was stärker als Tod ist.

Ausgekostet
das Gift unserer Wünsche
und heil geblieben,
habe ich mich erkannt.

In der Morgendämmerung sagt er:
„Liebe
ist die größte Illusion,

in Wirklichkeit liebt jeder
nur sich selbst,
sogar derjenige,
der sich selbst nicht liebt,
liebt sich selbst und leidet
höllisch
ohne Gegenseitigkeit.
Jetzt weißt du, was du willst.
Jetzt liebst du dein Begehren.
Und das bedeutet,
du liebst mich.
Das ist die einzige Wahrheit,
Es gibt keine andere Wahrheit."

„Kommst du zurück?",
frage ich,
als er geht
in die Morgendämmerung hinaus. ...

DRESDEN 1945
Gnadenlos
in seinem ewigen Durst
nach Gerechtigkeit
legte der Vergeltungsengel
seinen Job
in die Hände englischer Flieger.

Und als er dann sah
das ganze Ausmaß seiner Gerechtigkeit,
erstarrt' er zu Stein
über der zerstörten Stadt.
Sein Herz füllt' sich mit Trauer,
und er weinte.
Bitterlich weinte der Engel,
als er
das Ergebnis seiner Vergeltung
sah. ...

DONEZK
Zerstörte Stadt
wie der letzte Tag der Menschheit.
Wenn Vergangenheit zu existieren aufhört.
Vergangenheit
mit Spaziergängen im Frühlingspark,
mit Schwalben unter dem Dach des Kiosks,
wo man Eis verkaufte,
mit dem Lachen der Mädchen,
mit dem Blumenstrauß,
der durchs Fenster des Entbindungsheims
geworfen wurde
der neugeborenen Tochter zu Füßen. ...
Er erinnert sich nicht mehr an dieses Leben.
...
Wurde Teil
des umgebenden Schreckens.
Wurde Stein unter anderen Steinen.
Von Explosionen emporgeschleudert
und wieder herniedergefallen,
so wie sich der Staub
auf die Überreste der Vergangenheit senkt.
Wurde Teil dieses Staubs,
ohne die Kraft, jene zu hassen,
die ihr Schwert
gegen die Brüder erhoben.
Nur Bitternis, unendlich bittere Bitternis
füllte den heiligen Raum aus,
in dem einst sein Herz schlug.

JERUSALEM
Du warst Zeuge vieler Kriege!
Dabei bei Ruhm und Fall!
Die Schatten von wie vielen Siegen
fatal das Schicksal vor dich warf?

Wohl sind wir gleichen Alters.
Doch Salomos Atem spür' ich noch,
Damals, als wir zu zweit verweilten,
war er kein König noch,
weltberühmt durch seine Taten.
Ein Kind, verletzt doch unverzagt,
lag schlafestrunken auf der Schulter mir.
Nur eine Locke, bläulich-schwarz,
auf seiner Stirn zu spielen wagt'.

Jerusalem,
wir sind wohl im selben Alter.
Zu Römerzeiten ließ mein Leben ich,
als Pferde mich im Staub zerstampften
und ich am Kreuze qualvoll starb.
Der Auferstehung folgt' Vertreibung,
ich erfuhr erneut viel Schmach und Schmerz.
Nur eines ist mir treu geblieben,
Jerusalem in meinem Herzen.

Aus Russischem von Kornelia Holler

PROFESSOR FREUD
Wo zieht Sie hin Ihr blindes Fatum?
Zum letzten Mal? Auf letzten Pfad?
Die Fremde, die wohl auf Sie wartet,
reckt schon bedrohlich ihre Hand.

Es schüttelt einen alten Wagen,
wie auf den Wellen einen morschen Kahn.
Ob er riskanten Weg ertragen
und zu neuen Ufern finden kann?

Dort sind geblieben in der Ferne
das Heim, Berggasse, Wienerwald. ...
Welch schmerzhaft jähes Ende!
Welch schrecklicher Verrat!

Dort, in der Ferne sind geblieben
des weisen Schöpfers Schaffenskraft,
die Freiheit, Träume, Freunde, Liebe.
Des letzten Kelches Ungemach. ...

Nun ist all das zurückgelassen,
das harte Los bereits erkannt,
das Heimatland ist schon verlassen,
zugleich geliebt, zugleich verdammt.

Aus Russischem von Kornelia Holler

GEISTER DER VERGANGENHEIT
Zu dir, o Liebe, sag' ich, wissend,
Dass dem, was war, ich müsst' entrinnen.
Verdrängtes will ich nimmer missen,
Es zieht mich immer wieder zu ihm hin.

Es nahen seltsame Gestalten,
Sie geistern wirr vor meiner Tür.
Soll ich auf Anerkennung warten
Für meine Kinder, Geister nur?

Allein sie wollen nicht verzichten
Auf ihre Träume, weit entrückt.
Die leeren Gräber schauen finster,
Gleich meiner Ängste dunkler Kluft.

Eine arme Waise musst' ich werden,
Steh da, entsetzlich leer und nackt,
Und einsam bin ich, sodass mein Ärger
Die Sehnsucht nach mir selbst entfacht.

Aus Russischem von Kornelia Holler

TRAUM
Blasser Mond erhellt fast kaum
In Nebel eingehüllte Nacht.
Mir schien, als küsste ich im Traum
Deine entseelte Brust ganz sacht.

Auf totes, farbenbleiches Wasser
Ein Hoffnungsstrahl, ermattet, schien.
Des lila Lichts geheime Straße
Zu dir, Geliebter, führte still.

Du standest da, so dünn und rau,
Dein Blick, zur Ferne hin gewandt.
Ich wurde wach, war noch wie im Traum.
„Wo bist Du, Lieber?", fragt' ich sanft.

Der Mond flog über Meereswogen,
Die Wellen kalt, das Sinnen kalt,
Einzig ein Kahn, seltsam geborgen,
Glitt auf Wellen ohne Halt.

Aus Russischem von Kornelia Holler

***
Am frühen Morgen aufzuwachen,
aus dem Fenster zu blicken,
den blühenden Fliederbusch zu sehen,
und ein wunderbares Trugbild -
deine Reflexion -
in der schwirrenden Frühlingsluft.

Das ist
das größte Glück
auf unserer
im Unverständnis erfrorenen
Erde. ...

***
Der Weg der Revolution ist
der Weg der Begeisterung für die Zerstörung,
der Weg der Ekstase bei der Zerstörung,
der Weg der Trunkenheit
während der Zerstörung,
der Weg des Kannibalismus und der Wut
nach der Zerstörung.

In ihrem brennenden Durst
nach Blut
frisst sie auch diejenigen auf,
die sie geboren haben. ...

DER MOND
Ich schlendere durch das Haus,
traurig und obdachlos. ...
Ich spiele mit meinen Armreifen,
lese mir Gedichte vor,
suche etwas
und kann es nicht finden. ...

Die Nacht ist durchsichtig,
vom Duft der Sterne
und des Jasmins erfüllt,
mit etwas bitterem Wermut darin.
Ich versuche, mich an dein Gesicht zu
erinnern. ...
Es schwebt aus der Nacht heraus,
von dickem Nebel bedeckt,
und geht wieder verloren
in meiner Trauer.
Nur deine Augen
kommen wie zwei nächtliche Sonnen
auf mich zu. ...

Schweig, schweig, verletze nicht
die Stille
und meine Einsamkeit!

Ich spiele mit dem Silber meiner Reifen,
gehe durch den Garten,
reiße Blumen ab,
versink' in Eifersucht und
meiner Trauer.
Der Mond beleuchtet mir den Silberweg

zu meinen Füßen.
Barfuß schreite ich voran. ...
Er schwankt und kühlt die Haut.
Ich werde ruhig, werde leer -
wie der Mond.
Gehen,
gleiten,
ganz egal wohin.
keine Last und kein Gepäck
und auch kein Denken mehr -
ins Nirgendwo...
in die Nacht. ...

HIMMEL
Wolken gleiten leicht
am himmlischen Bogen.
Die Schnecke
wird zum
fliederfarb'nen Vogel,
der im Blau verschwindet.
Gegen das Naturgesetz
fliegt er mit gebund'nen Flügeln weiter.
Das Militärflugzeug
durchkreuzt
sein Mühen,
sendet
einen Feuerpfeil
und begibt sich
direkt zur Sonnenscheibe.

CONSUELO

Alles vergessen und fortgehen
auf spanischen Wegen.
Ich wirble den Wegstaub vor mir her
und gehe - frei
von Vergangenheit und Zukunft.
Von der Sonne des Südens verbrannt ...
unter dem blauen Himmel
der spanischen Nächte. ...

Mein Gesicht, von der Sonne getrocknet,
leicht ist mein Gang,
meine Gedanken geflohen. ...
Wie einen Rosenkranz
will ich die Gedichte
des unvergesslichen Lorca
vorbeiperlen lassen,
will der Verfolgten Lieder singen
unter dem blauen Himmel
der spanischen Nächte. ...

Vielleicht begegne ich dort
einer silberbehangenen Schönen
mit klimpernden Reifen,
mit sterngleichem Gesicht
und widerspenstigem Gemüt.

Einem Mädchen namens Consuelo.

Unter dem blauen Himmel
der spanischen Nächte,

übersät von Milliarden Sternen,
im Gesang der Stille,
wird das Mädchen tanzen
zum Flamenco-Rhythmus,
zum Gitarrenklang.

Mädchen mit den
nackten und sanften Augen,
dessen Name *Trost* verheißt,
du wirst des unglücklichen Lorca Lieder
für mich singen

unter dem schwarzen Himmel
der spanischen Nächte. ...

***

„Was, wenn es
das Barometer ist,
das über die Orkane
entscheidet",
fragte einmal
Seryozha Dowlatow.

Ja, das Barometer
ist schuld an den Orkanen!

Nieder mit dem Barometer!

Aber was
geschieht dann
bei Schönwetter?

***
Der Fleck auf der Tischplatte
erweckt ein unklares
Gefühl - der Zärtlichkeit.
Was soll das bedeuten?
Liebe ich diesen Fleck?
Eine Erinnerung
an etwas
lang Vergessenes,
an ein Gefühl,
das damals...

Wir saßen bei Tisch. ...
Das Kerzenlicht spiegelte sich
im flüssigen Rubin unserer Gläser.
Der geschmolzene Bernstein
des heißen Wachses
tropfte auf die Tischplatte. ...

SCHMETTERLING
Ein Ring an jedem Finger,
die Zigarette stiehlt sich zum Mund. ...
Ich pfeif auf die Hast.
Abhängen. Hitze. Sommer. Heiß. ...

Rosaroter Finger Raublust,
rosaroter Morgendämmerungen
Nachgiebigkeit.
Erstauntes Hochfliegen der Augenbraue.
Der Schmetterling fliegt zum Kerzenlicht. ...

***
Reif für Rom!
So sagt man doch.
Der Zug bringt mich in Richtung Süden.
Die Nacht.
Die mitternächtlichen Schatten
quälen sich hinter den Fenstern.
Der Zug rast vorwärts.

Unsicher mein Weg.

Nein, es ist nicht der Zug,
der durch die Nacht eilt,
das bin ich, ich laufe fort.
Die Frage ist nicht wohin,
sondern, wovor ich fliehe. ...

* * *
Liebe ist Not.
Worte wie eine vertrocknende Quelle.
Erlöscht sind die Augen.
du stehst am Rande des Abgrunds,
seufzst und wischst leise
und heimlich die Träne weg.

Dann gehst du zurück -
in die Not, in die Trauer, in die Stille.

VERGESSEN
Wenn du mich nicht brauchst,
gehe ich!
Vergesse, verdränge,
find' einen anderen.
Versenke meine Trauer im Wein. ...
Vergesse deine Hände,
die schönsten der Welt!
Vergesse das Goldlicht deiner Augen,
den Honig deiner Lippen.
Die Reinheit deiner Gedanken vergesse ich.
Vergesse dein kindliches, glückliches Lächeln
und das Feuer unserer Liebesnächte.
Ich werde alles vergessen,
und gehen!

Aber wo finde einen anderen,
einen wie dich?!!!

***

Ein Fisch
wird nichts darüber sagen können,
wie die Menschen leben.

Nicht weil
der Fisch stumm ist,
sondern,

weil ein Fisch
nicht die Sehnsucht
nach Flügeln kennt. ...

TOD EINES PAGEN
Dieses Gedicht hat sich von selbst geschrieben.
Es ist ein Gedicht über die Liebe.
Ein Gedicht über einen jungen Pagen,
über einen jungen Mann, der aus Liebe starb.
Rose, Schiff, Feder und Degen. ...
Oh Gott, wie lang ist das her!
Leben oder sterben
oder Wein trinken -
das ist nicht mehr wichtig.

Was geschah mit dem jungen Pagen?
Man fand ihn mit einem Messer im Herzen.
Und seine Geliebte? Wo ist sie?
Die Königin ist die zärtliche Frau des Mörders.

***

Leere Felder,
Wald, in dem das Leben ausgestorben ist.
Die Vögel schweigen.
Keine Maus huscht in ihre Höhle.
Kein Blatt rauscht im Wind.
Kein Wind weht.
Stille.
Langersehnte,
erschreckende Stille.

Die leeren Weinflaschen...
die leere Bonbonschachtel...
die leeren Dosen, die leeren Kästen. ...
Die Geldbeutel sind leer. ...
Der Schlaf ohne Träume,
die Körper ohne Seelen,
die Seelen ohne Körper. ...

***
Ich sitze, weine,
trinke Bier.
Und verfluche mein Leben.
Ich sehne mich nach Liebe.
Oh Gott, wie ich mich nach Liebe sehne!
Wird mich endlich jemand lieben?!

Ich muss aufhören, eine Frau zu sein!
Ich muss aufhören, mich nach Liebe zu sehnen.
Dann kann ich ruhig alt werden,
Bier trinken,
nicht weinen, sondern singen
und über Politik reden.

Ich aber sitze, trinke Bier
und weine, weil ich eine Frau bin. ...

MATISSE
Ich träumte von Matissens Fliederbildern,
vom Feuer seiner ungeheuren Iris.
Die fliederfarbene Iris
des verrückten Matisse.
Im Traum wurde ich wahnsinnig
und zeichnete selber:
die weißen Tempel, die goldenen Kuppeln,
die scharlachroten Mohnfelder,
die blauen Distelblätter
und die Pupillen des Uhublicks,
den Himmel - gelb im Goldregen
und meine Träume – von dir.

Im Traum wollte ich schlafen. ...

* * *
Über dem See hängt der Mond,
schön und kalt.
Wie deine Worte.
Wie deine Augen. ...

Ich gehe zu dir auf dem Mondweg.
Mein Herz zittert in offener Hand.
Drücke mich an deine Brust. ...
Mit ganzer Kraft.

Wenn du mich nicht liebst,
schone mich nicht,
töte mich. ...

DIE ANLEGESTELLE
Ich schmückte mich mit Silber heute Nacht,
öffnete meinem späten Gast die Tür
im Silberlicht des mitternächtlichen Mondes.

Er soll hereinkommen, mein langersehnter Gast,
der ewig Reisende auf dem Weg des Lebens.
Ich bin sein Refugium, sein Haus,
seine ewig rufende Anlegestelle. ...

TRENNUNGEN
I.
Es regnet schon lange.
Du bist in die Stadt gezogen.
Verlassen stehen die Häuser am Land.
Der Herbst klopft ans Fenster.
Die mutlosen, nackten Zweige
zittern untröstlich
im traurigen, herbstlichen Garten.
Das Feuer brennt im Kamin herunter,
ermüdet schlägt die Uhr Mitternacht. ...
Die Zimmer sind leer. ...
Leer ist der Kamin
mit dem erloschenem Feuer. ...

II.
Drei Tage wie drei Fristen
und das Urteil - die Liebe.
Drei Tage wie dreiunddreißig Gülten.
Drei Tage – eine unbarmherzige Eskorte.
Zur Liebe verurteilt
auf ewig.
Der Ring gleitet von meiner Hand. ...
Das Leben ist eins.
Und der Tod ist eins.

III.
Du bist weggefahren.
Allein bleib' ich auf der Schwelle zurück.
Sehnsüchtig schaue ich in die Ferne.
Stille. Das Glockenspiel ist verstummt,
die Staubwolke taut auf der Weite des Wegs. ...
Ich stehe allein in der Stille.
Meine Seele ist leer.

Du nahmst sie mit
aus Versehen. ...
Wer würde mich, die Seelenlose,
jetzt noch brauchen?
In den sich verdunkelnden Augen
steht Nacht.
Schlaflose Nächte sind leer wie Augen.
Mein Leben ist lang und traurig.

IV.
Mein Geliebter ist fort.
Meine Seele ist öde.
Der Bach rauscht nicht mehr.
Die Blumen verwelkt.
Die Erde verlassen.
Mein Geliebter ist fort.

Im goldenen Garten
Verstummt die Nachtigallen.
Wüste und Stille rundum!
Der Wind greift nicht die straffen Saiten.
Mein Geliebter ist fort.

Gestern erblühten die Täler,
heute steht hier nur trockenes Gras.
Gestern war ich glücklich und reich,
gestern floss Seide zu meinen Füßen.
Heute bin ich arm, hässlich und dumm.
Blicke weltfern um mich. ...

Mein Geliebter ist fort.

V.
Die Stunde des Abschieds schlägt.
Verzeih mir die Kälte meiner Worte.
Es kam die Zeit, um uns zu verabschieden
für ewig, für den Rest unserer Tage.
Das Blut gefriert mir in den Adern.
Zur Säule erstarrt stehe ich da. ...
Es ist jetzt egal,
ob ich lebe oder nicht. ...

VI.
Du küsst mich auf der Schwelle.
Vor dir liegt der weite Weg.
Es schlug bereits gleichgültig
die Tür hinter deinem Rücken zu.
Was geschieht jetzt? ...
Mit mir... Mit dir? ...

Ich laufe dir nach...
ich umarme dich...
ich werde dich an mein Herz drücken. ...

Ich kann mich aber nicht bewegen.
Es ist vorbei. Stille.
Nur der Wind stöhnt vor dem Fenster.

Vollmond.

Winter.

VII.
Was soll ich dir schreiben?
Drei Tage sahen wir uns nicht.
Drei Sonnen fielen hinter den Horizont.
Dreimal versanken sie im Meer.

Dreimal entzündete sich das Morgenfeuer,
dreimal fiel der Tau auf das Gras.
In der Morgendämmerung wieherten Pferde
und liefen in den Himmel hinein.

Der Hengst erblickte die Stute,
zerriss die Trense und rannte zu ihr.
Das Dorf wurde vom glücklichen Wiehern
zweier Pferde geweckt.

Nur ich sah traurig in die Weite
und betrachtete den Glanz der Sterne.
Ohne dich sah ich nicht
ihre verzaubernde Schönheit.

Deine Augen sind schöner als alle Sterne.
Schöner als alle Blumen sind
deine Honiglippen. ...

VIII.
Wieder schreibe ich einen Brief ins Leere,
im dicken Schlummer schwüler Nacht. ...
Die Kerze ist niedergebrannt.
Bis zum Morgen
knarren nur die Bodenbretter. ...
Das Schweigen presst einen Klumpen
in meiner Kehle.
Schiffe bringen die Verliebten fort. ...

Die Glocke summt voller Trauer.
Ich schreibe meinen Brief ins Leere.
Mein Adressat ist längst schon fort,
der Briefträger bringt mir keinen
lang ersehnten Antwortbrief. ...

Im Teich steht unwahrscheinlich dunkles Wasser.
Darin blühen die schneeweißen Lilien
meiner Trauer,
meiner Not und
meiner Liebe. ...

***

Atme in mein Ohr,
flüstere etwas Schmutziges hinein.
Mein Gesicht errötet vor Scham.
Weißt du, ich kann immer noch erröten.
Im gebrochenen Klang
der Glocken
höre ich die Stimme der Sünde.
Wie schrecklich, wie süß. ...
Mein Herz bleibt stehen. ...

Ich stehe alleine und nackt
unter den sieben Winden.
Und der achte ist der süßeste.

Er ist mein!

MÜDE
Meine Liebe sagte zu mir:
„Ich bin müde, ich bin müde."
Müde zu warten. Müde zu altern.
Müde voller Trauer aus dem Fenster zu
schauen."...

Die Spiegel altern in den Rahmen,
der Kalender verliert seine Blätter,
die Kirschbäume ihre Blüten.

Ich warte immer noch auf meine Liebe. ...

In meinen Träumen
gehen wir spazieren.
Ich lese dir Gedichte vor.
Ich liebe dich in meinen Träumen
und wache dann alleine auf.
Frierend, leer und ungemütlich. ...
Der Vogel schweigt in seinem Käfig.
Es vertrocknet der Rosenbusch.
Mein Briefkasten ist leer. ...

FRIERENDE KIRSCHBÄUME
Wenn ich verliebt bin, und das ist immer der Fall,
klopft der Regen romantisch an die Fenster.
Ich stehe still.
Voller Angst und Glück
im Angesicht dessen,
was war und was kommen wird.

Du bist so gut zu mir.
Dein Mund ist sündenlos.
Die Seele ruhig.
Die Gedanken rein.

Und vor dem Fenster
frieren die Kirschbäume. ...

EINSAMKEIT
Ich verlor die Ruhe und die Träume,
und wandere durch die Nacht.
Flehend die Ikonen an,
versuche mein Glück zu finden.
Versuche mich zu befreien
von allen Fesseln. ...
Ich bete leise. ...

Sein Antlitz ist ruhig und streng.
Das Schneegestöber heult forsch.
Die Einsamkeit meiner Nächte,
meine Phantasien.
Meine sündhaften Gedanken,
Küsse,
Nachtigallen. ...
Was soll ich nur mit mir anfangen? ...

HOLLÄNDER
I.
In Tschechien spazieren
verliebte Holländer.
holländische Lippen
duften nach dem Vogelbeerbaum. ...
Verliebte Augen...
vergessene Vorsicht. ...
Über des Messers Schneide
gleitet der Morgenstrahl.

Verführerischer Blick.
Der Mund wie eine reife Ähre.
Wie süß sind deine Küsse!
Wie bitter Worte sind!

II.
In Holland gibt es Nebel.
In Holland gibt es Brunnen.
In Holland gibt es Tulpen.
In Holland gibt's Holländer
mit Augen wie Gold. ...

Holländische Augen
sind prächtiger als die Sterne.
Holländische Lippen,
schmecken
nach einer bittersüßen Frucht. ...

* * *

Ich beginne meinen neuen Roman. ...
Das weiße Blatt liegt vor mir.
Der Stift gespitzt,
die Zeilen klaffende Wunden,
meine Vergangenheit blutet.
Schwarze Fichten
strecken ihre Geisterzweige aus.
Kalt rinnt das Wasser im Bach.
In den blutigen Strahlen des Sonnenuntergangs
stirbt die schwarze Erde.
Der kleine Bach zwängt sich voller Angst
durch die Schlucht.
Wie böse Riesen stehen die Fichten
bedrohlich am Bach.

***

Die Ängste mit den großen, dunklen Augen
streifen von Raum zu Raum. ...
Über die Treppe, die wacklige, knarrende,
schleichen sie hinauf unters Dach,
sich in den Schatten verbergend,
scheu sich an das Geländer pressend,
sich in den Ritzen versteckend.
Den Ängsten graut's vor dem eigenen Schatten.

Der Wind heult furchtsam im Rauchfang.
Der Apfelbaum friert vor dem Fenster. ...

BLÜHENDE APFELBÄUME
Zwischen blühenden Apfelbäumen
verirrte ich mich,
versank im weißen Schaum.
Aus den Apfelbäumen schauten mich
deine blauen, bodenlosen Augen an.
Du riefst mich tiefer in den Garten hinein.
Ohne Kraft mich zu widersetzen,
ging ich gehorsam
wie eine Schülerin
in das Fest des Frühlings hinein.
Ich wusste nicht,
ob der Wind oder du
die weißen Blüten in mein Haar streute
und die süßen Worte flüsterte.
Die Bäume taten sich mit dem Wind zusammen.
Ihre Zweige rissen mir die Kleider vom Leib.
Ich ging nackt durch den Garten.
Du gingst mir nach.
Deine Hand berührte den weißen Apfelbaum.
Ich wurde eifersüchtig.
Ich wünschte mir
in wonnevoller Trauer
mich in der zarten Stille aufzulösen.

DEIN WEG

In den Nächten quält mich dein heller Blick. ...
Der Windhauch bringt den Rosenduft
aus jenem glücklichen Tal, in dem du lebst,
wo du isst und trinkst,
Bücher liest, denkst, deine Frau liebst,
abends in deinem Garten sitzt,
traurig bist, den Sonnenuntergang beobachtest,
Weintrauben ziehst,
die Erde begießt,
damit sie Früchte trägt.
Du schaust in die Ferne,
auf den Gipfel des hohen Berges,
versuchst zu erraten, was dahinter ist,
reichst deine Hand den Armen,
liebkost die Kinder,
lächelst,
vollbringst Tausende jener
unmerklichen Taten,
die alle zusammen
den Sinn des Lebens ausmachen.

Und gleichzeitig passiert dort,
hinter dem Berg,
etwas mit mir. ...

* * *
Ein roter Schal umschmiegt deinen Hals.
Ach, wie beneide ich ihn!!!
Ich will dein Schal sein,
deinen Hals umschmiegen!
Ich wäre zärtlicher als dein Schal.
Ich wärmte dich an den kalten Tagen
und flehte zu Gott, dass sie lange dauern.

Wenn ich nicht dein Schal sein darf,
will ich dein linker Schuh sein.
Oder der rechte.
Oder noch besser – beide zusammen.
Dein Bettvorleger will ich sein.
Oder dein Bett.
Dein Schatten.
Dein Schicksal. ...

Deine Flügel will ich sein!

***
Kein Frühlingsduft,
kein Zikadengezirp im Laub,
keine Kühle des frischen Windes,
kein Tosen der Wellen -
nichts macht mir Freude.
Von Trauer verfolgt ...
Worte sind hilflos. ...

Ich würde mich
mit einem Gebet an Gott wenden,
aber ich weiß nicht,
was ich erbitten soll und
was ich versprechen kann. ...

***
Dein Gesicht zeichnen,
schweigend deine Stimme hören.
Draußen ist es dunkel.
Die Tinte im Fläschchen eingetrocknet. ...
Du sitzt nachdenklich da,
schaust starr in die Flamme.
Draußen vor dem Fenster verstummt der Wind,
mich quält die Erwartung. ...
Ich komme dir nahe,
falle dir zu Füßen.
Die Flamme leckt gierig an der Kohle.
Glück und Qual in einem. ...

ZÄRTLICHKEIT
Gerne würd' ich mit dir wandern,
deine warme Hand verspüren
und mit dir am Fluss verweilen,
lang daheim den Tee genießen
und den Kuckucksuhrenschlag.
Und dich küssen, zart und bang
während laut die Dielen knarren.
Bei Erlebtem nicht verharren.
Ringsherum herrscht sanfte Ruh',
der Birkenblätter leises Raunen,
Bücherchaos, lässig, stumm,
süßer Träume Wonnelaunen. ...

Aus Russischem von Kornelia Holler

* * *

Angst vor dem weißen Blatt...
Was meint diese Angst?
Dass heimlich Schnee fallen könnte,
der den Staub weiß bedeckt?

BAGATELLEN

***

schenke mir
eine eiserne blume
die ewig blüht
bat ich

ewigkeit ist tot
antwortetest du
das leben ist schön,
weil es
schnell vergeht

***

der frühling kennt
keine moral
der frühling
hat seinen eigenen blickwinkel

***

der apfel ist
eine prüfung der
reife

***

der wind
befiehlt den orkanen ...

***

frau ist
der morgen,
an dem
frau
nur frau ist

***

der fluss liebkost
liebevoll
die beine des mädchens.

hütet die kinder
vor der liebe der flüsse!

***

wilde rebe
wird zum erröten gebracht -
von den küssen
des selbstverliebten
herbstes

***

der
von den pauken hingestreckte
runde laut der geige
fällt wie ein erschossener schwan
in die ewigkeit hinein

***

der himmel
flach
wie eine offene
dem wunsch entgegengestreckte
handfläche

***

am rande der unendlichkeit
schläft
der verwilderte
garten der wünsche

***

das meer ist wasser
alles andere über das meer
wurde bereits gesagt

***

der spiegel ist seelenlos
so wie auch die freiheit seelenlos ist
auch er
widerspiegelt alles

***

das stäubchen ist
der wichtigste bestandteil
des universums

***

die ameise
beim absinthglas
gemahnt voller sehnsucht
an ihr früheres leben,
das von der sünde des hochmutes
gezeichnet war

***

die hand ist
liebkosung und
schmerz ...

***

der vogel ist
der sieg
über die kraft
der irdischen liebe

***

das echo
verlängert
das leben des wortes und
nimmt ihm
die seele

***

Es gibt keinen Tod!
Frag' den Schmetterling!

HAIKUS

***

Das Meeresblau und die Ferne
der Rauch der Schoner schlängelt sich
auf der Suche nach der Bucht

***

der Fliederbusch erblüht
die Sonne liebkost die Erde
Januar

***

heute befreundeten sie sich
die Sonne und der Mond
Liebe

***

das Porträt im Rahmen
der Schatten in den Augen
so überschreite ich Grenzen

***

das Gold der Kuppel
in der Bläue des Himmels
das Glockenläuten

***

Das Laubrauschen und das Zikadenlied
der Vogel singt ganz in der Nähe
das Glück der Ruhe

***

Als Spiegelung des Mondes
zittert der Wind im schwarzen Wasser
Kälte des Universums

***

der Mond
versank wie ein Stein
im Strudel der Tränen

Demnächst erscheint im Verlag BoD – Books on Demand, Norderstedt:

Sophia Benedict
WENN MAN ZU LANGE AUF DEN OZEAN SCHAUT...

Sie werden diesen Roman lieben, weil man ihn gar nicht nicht lieben kann. Sie werden das Buch sicher nicht beiseitelegen, bevor Sie es nicht zu Ende gelesen haben.
Es erzählt von Liebe, Zärtlichkeit, Schmerz, seelischem Verwaistsein, von der Sehnsucht nach Glück. Für die Heldin gibt es nichts Wichtigeres auf der Welt als die Liebe. Aber das Schicksal ist ihr nicht gnädig. Wie ein loses Blatt im Herbstwind taumelt sie von Mann zu Mann, von einer Stadt in die nächste, von einem Land ins nächste – von der russischen Pazifikküste nach Lissabon an den Atlantik, wo sie schließlich die große Liebe findet. Sie folgt ausschließlich ihren Gefühlen. „Die Welt wird von Gefühlen regiert", sagt sie. „Und sogar wenn ein Mensch nach Reichtum und Macht strebt, tut er das nur um jener Gefühle willen, die er glaubt, mithilfe von Reichtum und Macht zu bekommen."
Wirkliche Authentizität drückt sich in der Allgemeingültigkeit des geschaffenen Charakters, in seiner psychologischen Glaubwürdigkeit aus. Und der Autorin ist es gelungen, einen solchen Charakter zu zeichnen.
Die Heldin des Romans ist sowohl leidenschaftlich als auch zärtlich und hingebungsvoll, sie ist nur Frau. Sinn und Zweck ihres Lebens sieht sie in der Liebe. Das mag in unserer vom Bazillus des Pragmatismus, der Unersättlichkeit und der Gier nach Erfolg infizierten Welt archaisch klingen. Aber nur, bis Sie mit der Lektüre beginnen. Dann werden Sie in den Gefühlen dieser Frau Ihre eigenen Gefühle wiederfinden. Auch in unserer harten Zeit kennt das Herz eines jeden Menschen Trauer und Liebe, Zärtlichkeit und Begehren. Wenn Sie eine Frau sind, werden Sie sich wohl mit unserer Heldin identifizieren, sollten Sie aber ein Mann sein, verlieben Sie sich einfach in sie, weil Sie von einer solchen Frau immer schon geträumt haben! ...